AF362622

LES SALONS DE 1906

DU MÊME AUTEUR

Ame orpheline, vers 3.5o

Les Deux Idoles, roman parisien. . . 3.5o

Les Casques blancs, roman militaire et colonial . 3.5o

Le Baiser d'Ève, roman parisien. . . 3.5o

Camille Pissarro et son Œuvre, album
artistique . . . . 10. »

Frimas, pièce en 3 actes . . . . . .

EN PRÉPARATION

CHAOS & LUMIÈRES
La Ville-Chimère, roman. . . . 1 vol.

Une Adolescence, roman . . . .

Le Mauvais bonheur, roman . .

Les Sans-Patrie, roman . . . .

La Pensionnaire, roman . . . .

Esthétique : La Volupté du Nu. . .

Les Indépendants

———

Ce Salon qui fut autrefois le siège de luttes ardentes et de fiers refuges sent passer sur lui le souffle de l'arrivisme qui émane des générations montantes.

Toute une pléïade de jeunes peintres qui ont eu le talent de se faire mettre en relief par la prose de quelques thuriféraires et que le *Salon d'automne* éleva sur le pavois, grâce aux complicités de quelques marchands de tableaux, semblent vouloir donner le ton aux *Indépendants*. Ce groupement n'aura bientôt plus d'indépendant que son titre et sa raison d'être ne sera que la raison sociale d'un art maladif, sur mesure ou enfantin. Laissons donc la « boutique » aux boutiquiers, et passons en revue les œuvres de cette vaste pépinière d'artistes, de pseudo-artistes et de néo-Boschimans.

Dans ce tumulte de tons et ce chaos de formes hybrides, incertaines ou sauvagement exubérantes, on a peine à retrouver les signes généraux et infaillibles par lesquels on reconnaît les œuvres d'art. Puis, peu à peu, au contact journalier de cette faune et de cette flore étrange, on finit par découvrir les belles œuvres, les vrais talents, et, sûr de cette bonne compagnie, la revue générale se fait sans trop de fatigue.

Ce Salon a déçu ; pourquoi ? il n'apporte rien, aucun mouvement nouveau, aucun essor, aucune poussée vers une interprétation de la vie sociale, aucune harmonie avec la fermentation des idées nouvelles, quelques rares symptômes d'un ascétisme visuel — retour aux saines traditions de clarté et de précision du génie français. — Çà et là cependant quelques scènes évocatrices des antagonismes, des inquiétudes et malaises sociaux. On s'aperçoit que les artistes continuent à vivre à l'écart de la vie sociale, ou s'ils la peignent, n'en voient que le côté décoratif sans essayer d'accoutumer l'art aux modes douloureux de l'existence actuelle.

Ils ont bien d'autres soucis ! l'arrivisme est là qui les guette, les stimule, les pousse vers la toise des jurys, trop heureux — d'où la négligence de leur envois — s'ils peuvent exposer ailleurs qu'aux *Indépendants*, où la majorité de son public ne vient qu'avec le sourire aux lèvres et l'idée de s'amuser un brin. Il est vrai que les fumistes ne manquent pas à la fête et que le bon public a de quoi s'esbaudir devant les imaginations folles d'un Boleslas, les masques étranges d'un Czigany, les découvertes zoologiques d'un Van Dongen, les fantaisies d'un Delpech ou d'un Rousseau, sans parler de l'expressionnisme d'un Hervé, véritable cauchemar pictural. Et j'en passe.

Elaguons d'abord les personnalités falotes qui sentent le copiste du Louvre et d'ailleurs, ou qui, habiles élèves, s'assimilent facilement telle ou telle manière connue. Laissons aussi de côté toute cette fausse peinture, très abondante cette année, tous ces ouvriers du pinceau et ces amateurs, dignes émules de nos écrivassiers, tout ce reportage artificiel et encombrant contre l'envahissement duquel lutte désespérément le vrai talent.

Devant la poussée de plus en plus dense de jeunes artistes épris d'une vision claire et originale, dont nous parlerons plus loin, on commence à s'apercevoir de l'impasse sans issue où s'obstinent les néo-impressionnistes de toutes marques qui voulurent peindre selon le mode et la formule des grands maîtres impressionnistes. On commence à deviner l'avortement de cette levée fanfaronne de boucliers devant le piétinement lamentable de leurs adeptes, l'impuissance manifeste d'autres qui cherchent dans l'absurde la satisfaction de cette manie romantique : vouloir encore « épater le bourgeois ».

Demandez à M. Henri Matisse dans quelle humanité se trouve sa conception du *Bonheur de vivre* et si ce n'est pas une fumisterie pure et simple, conseillons-lui un voyage au pays des Boschimans, il y passera maître.

Le pointillisme a fait son temps. M. Signac, malgré le souvenir de son plaidoyer savant, n'arrive pas à nous convaincre ni à se convaincre lui-même. M. Cross couvre les nudités de ses personnages d'une couche en mosaïque, tatouage tout à fait nouveau, et M. Metzinger semble l'imiter dans le paysage. Que Mme Cousturier ne s'attarde pas au factice de ce procédé, car *Nourrice* possède de réelles qualités de force et d'ampleur. Je n'en dirai pas autant des œuvres de MM. Lacombe, Laugé, Montigny, Ribemont-Dessaignes, Contant, qui sont absolument prisonniers de leurs « confettis ». M. Luce, malgré son observation serrée, n'arrive pas à faire vibrer réellement les pierres ancestrales de Notre-Dame. Ces lumières sont factices sur ces ombres froides ; et cependant elles sont vraies ces délicieuses *Maisons à Lagny*, traitées sans procédé. Seul M. Ryselberghe s'évade peu à peu et arrivera, s'il le veut, en serrant et fondant davantage sa couleur, à donner une grande variété de coloris aux chairs, comme aux nuances des paysages.

D'autres noms qui furent mis en avant par des manifestes audacieux et des expositions combatives sont hélas en retard sur certains autres artistes qui, sans bruit, sans forfanterie, écoutèrent les disputes, regardèrent les œuvres et profitèrent des lumières de la discussion. Ce sont ceux-ci qui marchent en avant, tandis que les autres, à l'étroit dans leurs formules ou soucieux de créer toujours du nouveau, s'enfoncent de plus en plus dans l'incohérence et la négation même de toute peinture.

Mais pour bien différencier ces groupements

électifs, nous recourrons à la classification des genres admis, de façon à fixer l'attention du lecteur et à délimiter dans son esprit les visions éparpillées.

Paysage

Le salon des *Indépendants* est surtout un salon du paysage, mais dans ces multiples interprétations nous retrouvons l'influence évidente des Impressionnistes. D'aucuns, tels MM. Gabriel Rousseau et René Juste rappellent trop Pissarro et Sisley ; d'autres, qui promettaient beaucoup mieux, sont de ceux dont on devine l'intention meilleure que le résultat: Nous regrettons de voir MM. d'Espagnat et Bonnard manifester une sorte d'hésitation, presque de l'impuissance ; tandis que MM. Boutet de Monvel, Valtat, Roussel-Masure et Marquet n'arrivent pas à se rendre maîtres de leur pinceau. Le sens de la décoration absorbe tout chez de Monvel, la fougue dépasse la vision chez Valtat et Roussel-Masure, M. Marquet synthétise trop obstinément.

Nous tenions à mettre ces noms en avant parce qu'ils sont connus des amateurs d'esthétisme et furent très discutés.

En dehors de toutes les influences notées, nous avons à présent un essaim de jeunes artistes dont la personnalité transparaît avec force. Venus tard, sans doute, au combat qui depuis plus de trente ans a soulevé des polémiques violentes et fait éclore le plus beau mouvement d'art qu'ait connu notre pays, ces jeunes hommes réfléchis et volontaires ne vouèrent pas leur fougue juvénile à des essais, à des applications stériles de formules *à priori*, encore moins à des imitations d'élèves. Ils étudièrent les maîtres nouveaux, absorbant les vérités essentielles de leur découverte, s'accoutumèrent à regarder les choses dans la lumière naturelle et s'essayèrent à transposer leur sentiment dans les choses. De là naquit leur originalité et nul ne contestera leur sincérité et leur personnalité.

La nature se pare d'une nouvelle beauté devant ces larges et simples œuvres de MM. Beaufrère et Rameau. De quel amour ces deux artistes ont épié les subtiles métamorphoses par lesquelles, à chaque instant, les paysages se transforment, s'assombrissent ou s'égaient, s'apparentent aux tristesses, aux joies, aux mélancolies de notre existence spirituelle. Comme ils savent agrandir, amplifier le petit coin de terre de tout l'infini d'un ciel ou de son reflet dans les eaux, et comme on y devine l'émotion du visionnaire ! Amples aussi les œuvres de M. Emile Bernard, esprit décoratif, de MM. Braut, Camoin, Dufrénoy, dont l'inspiration fougueuse fait surgir à pleine pâte les verdures opaques et fraîches.

D'un coloris plus varié, avec des orchestrations sourdes et d'amples modulations, les œuvres de MM. Marchal et Olivier sont empreintes d'une poésie matérielle et lumineuse. M. Chénard-

Huché a de prestigieuses ressources pour évoquer les nostalgiques canaux de Hollande et son talent subtil s'assouplit à toutes les harmonies des eaux et des ciels. M. Denis-Valvérane est un beau tempérament de précision et de joie. Ses paysages lumineux et chauds s'imprègnent de toute la senteur des végétaux et le *Bastion abandonné* est une petite toile digne de tous les éloges. Avec justesse et sensibilité aigüe, M. Barwolff évoque des paysages parisiens aux verdures rachitiques, aux foules bigarrées, aux horizons menus. M. Lemaître est un paysagiste ému dont je me plais à souligner l'art souple et personnel dans *Forges et hauts fourneaux*, *Paysage d'hiver* et ces larges et robustes aquarelles.

Certains artistes possèdent l'art délicat et difficile des grandes harmonies où le paysage devient l'expression lyrique de la nature. De grandes étendues s'amplifient infiniment, les êtres et les choses communient dans l'éphémère apogée d'une heure et ces grandes symphonies résorbent en elles des réminiscences délicieuses. Tels MM. Fauconnet, Koppé, Scherb, Surtel, Heiskell, Périnet à qui je reprocherai certaine poncivité et toujours la même vision, Stein enfin, dont le talent souple et varié se manifeste dans la *Parisienne*, la *Promenade des Anglais* et ses autres toiles aux effets sourds et subtils. Avec moins de poétique ampleur, MM. Théodose Petit et Ott nous charment et retiennent.

La nature est complexe et infinie. Le soleil est

le grand magicien de ses métamorphoses et si parfois elle revêt cette délicieuse beauté où notre
âme se plaît à refugier ses mélancolies, filles des
désirs, parfois aussi elle chante et s'égaie de ses
propres splendeurs. Fille coquette, elle s'étale et
se pavane, exhibe ses couleurs chatoyantes, les
moires claires de ses eaux, le papillotement gai
et lumineux de ses fanfreluches. C'est ainsi que
MM. Ede-Vipont, Duval-Gozlan, Van Coppenolle et Wilder la voient, avec un rare bonheur
d'expression saine et vivifiante. MM. Berthoud,
Clary-Baroux, Delfosse, Frère et Dezaunay ont
peut-être moins de sûreté et de précision mais
tout autant de coloris. MM. Florès, Ralli-Scaramanga, Mazard et Mailfaire n'ont qu'à serrer
davantage la réalité, ils feront d'excellentes choses. On ne reste pas indifférent à la superbe *Marine*, de M. de Goumois, dont les vagues sont
massives et mouvantes, aux délicates notations de
l'hiver de MM. Thibésart, Hazledine et Jacob,
aux envois de M. Madeline : *le Coin des roses* et
Ombres portées, de M. Madvig : *Bruges*, de M. Debraux, de M. Heyerdahl qui évoque un Montmartre
certainement inconnu des fêtards, de M. Malone-
Blondelle dont j'ai déjà signalé la curieuse facture.

MM. Diriks et Dagnac-Rivière confirment toutes leurs promesses. Malgré son tempérament
fougueux, comme M. Diriks sait adoucir sa violence dans cette toile extraordinaire : *Après la
pluie*, et cet *Intérieur* délicat, aux reflets subtils.
M. Dagnac-Rivière, trop pâteux parfois, a fait

réellement un petit chef-d'œuvre avec *la Route du bourg de Batz* ; ces murs d'un blanc crayeux et mat, ce chemin gris et ce ciel évoquent la torpeur de certains jours d'été et ce sentiment, délicat s'il en fut dans l'expression d'un paysage, y est parfaitement et subtilement exprimé.

Dans la gamme des teintes somptueuses, les envois figés par le relief de M. A. Matisse, les théâtrales splendeurs de M. Franz-Namur, les visions rougeâtres de M. Numa-Gillet ne nous satisfont pas ; ce dernier artiste cependant est beaucoup mieux inspiré dans la *Bretagne grise*, le *Petit mur, Matinée d'été*.

MM. Prunier, Delestre, de la Villéon sont des talents dont la précision ne nuit pas à l'expression. M. Prunier inscrit nerveusement ses impressions, M. Delestre avec profusion fait éclore les verdures et la Nièvre n'a pas de meilleur notateur que M. de la Villéon dont j'aime beaucoup l'envoi : *le vieux chemin*. Signalons aussi les visions nettes de MM. Deconchy, Henri Thomas, Ancelme, Amoretti, la fougue brouillonne de M. Tarkoff, les envois pleins de promesse de M. Takoy et les paysages de M. Hélis, aux petits nuages en boule.

La manière impressionniste a encore des adeptes, mais, dans leurs œuvres, cette facture nuit beaucoup à leur originalité, leur précision. Ce sont MM. Delaunay, Le Bail, Lebasqûe, Le Beau, Igounet de Villers. Par contre, MM. Pozier et Manzana possèdent de grandes qualités et la réminiscence apparaît si peu qu'elle honore leur sincérité. Je ne parle pas, bien entendu, de MM. Alluaud, Auran, Abert Joseph, habiles élèves qui se sont fait un poncif impressionniste, de Mme Aguttes qui ne trompe personne avec son plein air de « chiqué » — qu'on me pardonne — ainsi que de MM. Biétrix et Bazeilles. Je n'admettrai pas non plus les lumières cuites de M. Cariot, les platras de M. Cat, le truc habile de M. Peccate, les lumières fausses de M. Peters-Destéract, ni les Duval, Gourcuff et Paerels, encore moins les barbouillages de M. de Wlaminck.

Bien d'autres cependant sont à étudier encore, mais le grand nombre m'oblige à passer rapidement et à noter d'une épithète aussi précise que possible la caractéristique de chacun. Nous avons les tempéraments incomplets mais solides de MM. Barbier, Bauche, aux verdures roussies, Dufy, gauche mais décoratif, Buttler un peu indécis, Othon Friesz dont la fougue s'atténuera. De bonnes œuvres exemptes de faiblesses ont été envoyées par MM. Godefroy, Jacque, Corgialegno, Lismann, M. Fournier, Ladureau, Gatier, Korochansky, Manceau, Moujon-Gauvin, Robineau, Roux-Renard. Mmes Frémont, Slavona et Kleinmann sont des paysagistes émues ; M. Jourdan, sobre et précis, promet beaucoup et *Champlitte* révèle de solides qualités. Citons encore *Marine* de M. Dourouze, *Vieilles maisons sur le Scios* de M. Farré.

MM. Baltus, Brunel, Alkan-Lévy, Delahogue,

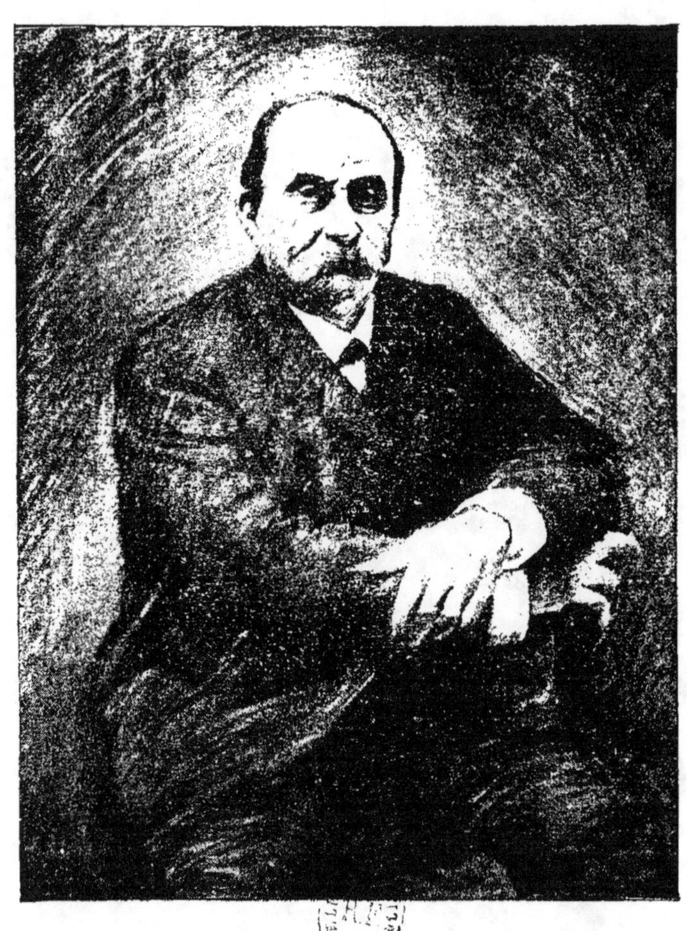

Salon de 1906.

Portrait de M. J. Rouam, par ALEXANDROVITCH.

Fidrit, Horton, Gass, Kaufmann, Genty, G. Lambert, Marshall, Noblot, Pawills, Pailler, Oulès, Raymond, Sauvé, Salaun, Schœn, Schutzenberger, Soull'ard, Yerme, Lépine s'imposent tous, à des titres différents, à notre attention. Finalement, deux artistes russes de grand talent, MM. Anitchkoff et Politta nous apportent l'impression de leur pays, et je ne connais rien d'aussi clair que ce *Clocher de village* vibrant dans la sonorité d'un ciel bleu du Caucase. L'impression qui transmet à cette petite toile l'ampleur véritable qu'elle évoque est parfaitement réussie.

Portrait et nu

Le plus grand effort a été donné par M. Bloomfield dont le *Brigandeau* dresse sa silhouette de corsaire moderne en redingote. L'énergie volontaire et concentrée, le glacial « coupant » anglais, cher à Baudelaire, font réellement un type de ce personnage. M. Alexandrovitch apporte sa vision précise et vigoureuse dans le portrait de M. Rouam, l'ancien éditeur d'art bien connu, dans une tête de vieille femme et dans cette physionomie de *Boudeuse* d'une facture simple, enlevée et définitive. M. Hast, d'un pinceau léger, en quelques touches précises, fixe les traits d'une belle *Inconnue* et d'une femme non moins belle. L'œuvre de M. Vallotton, cette dame assise et décorative, est d'une sûreté indéniable, mais ce portrait affecte une indifférence glaciale et sèche. Avec quelle extraordinaire intensité de couleur, les *Vieux* de M. Malteste offrent leurs visages ridés et cuits. Ces touches grasses, cette peinture originale dûe, sans doute, à la grande science du dessinateur, assurent à M. Malteste un bel avenir ; *la Baignade* confirme son truculent amour du coloris. M. Klingsor, indécis encore, fixe très bien le caractère physionomiste de M. Sansot-Orland, le fin lettré et l'éditeur aimable que nous connaissons.

Nous avons aussi remarqué les portraits sobres de Mmes Cichocka-Nalencz, Lagerberg et Loubouchkine, de MM. Jozsà, Rabcy, Faber du Faur, un peu rougeauds, Thiele, les jolis bébés de Mmes Cramer et Louise Gosselin, *les Cerises* de M. Valton, une *Indo-Chinoise* de M. Henri Landais, une *Tête d'Arabe* de M. Lauri, une *Etude d'ouvrier* de M. Morerod, *la Bretonne* et la *Normande* de Mlle Ribot, les *Vieillards*, sur horizon de mer, de M. Pichot. Dans une autre note, nous nous arrêterons aux toiles fort louables de MM. Pallier et Kunwald, à l'énergique *Maître Coste* de M. Borrel qui expose aussi *Tricoteuse* et cette ravissante étude *l'Ebéniste*. Nous souhaiterions un peu plus de précision à M. Brunner et à Mme Koznievska ; par contre nous voudrions moins de sécheresse à M. Laurent-Gsell et moins de brio à MM. Larramet et Picart le Doux. Les silhouettes de M. Martel sont agréables, les attitudes et physionomies de M. Pilichowski d'une réalité saisissante. M. Le Fauconnier nous présente un Georges Bonnamour fort en couleur et MM. Czobel et Fornerod doivent se débarrasser au plus vite de cette truculence criarde qui fausse complètement leur tempérammemt. Citons aussi les types d'Espagnoles de M. Nonell-Monturiol, les traits précis de M. Zak, les silhouettes de Mlle Simon et *Lecture dominicale* de Mme Têtard.

La formidable sensualité de cet étalage de femmes nues, affreusement laides comme le vice qu'elles incarnent, l'ironie suprême, la vengeance de l'esprit sur la basse matérialité de l'amour, tout cela se dégage avec un âpre relent d'atavisme luxurieux de l'œuvre de M. Rouault. Ces ébauches terribles devant lesquelles le public s'esclaffe sont pourtant des pages aussi âpres, aussi démoniaques que certains poèmes des *Fleurs du Mal* ou certaines planches de Rops et de Constantin Guys. Cela, c'est la chair damnée, vouée au plaisir et au mépris, traduite avec l'inquiétude ascétique des chastes. Ce n'est certes pas la quiétude bestiale de la femme nue peinte par M. Florès, ni cette hésitante amoureuse — *le Recul* par M. Hugonnet — dont la chair vibre et appelle la caresse, ni cette sobre et saine *Etude de femme* par Mme Franconville. Cette chair fleure bon l'amour, la caresse naturelle et la sensualité reposante et nécessaire au parfait équilibre de l'esprit.

M. Paviot réalise dans le nu les fortes promesses de son talent, mais ses paysages manquent d'unité et sa *Terrasse de café* n'a pas d'entrain, sent la pose. Je ne m'arrêterai pas aux gauches nudités de MM. Puy, Manguin et Valtat qui oublient trop facilement que ce domaine laisse peu de place à la fantaisie. M. Deborne n'a pas obtenu l'effet qu'il se promettait, car cette femme assise, fortement charpentée, dont le raccourci des cuisses accentue la massivité de la croupe, semble un peu figée dans sa pose. Néanmoins cette œuvre plaît parce qu'elle est sincèrement sentie. Mlle Bermond tend au poncif fluide tant que ses nudités finiront par s'évanouir. Mme Marval fabrique des poupées toujours pareilles, avec des minois tout semblables, dont les mouvements sont cassés et les chairs d'un rose crayeux. Nous citerons enfin les envois de MM. Agard, Milde, Albert, un peu gauche, Druard qui sera un bon et solide peintre de nu, Popineau, aux ombres fortement colorées, Laverrière, Urbain dont la couleur est défectueuse.

Vie moderne

La vie, ce mot inquiétant aujourd'hui, dans lequel se condensent les angoisses, les luttes, les tragédies journalières n'est ici qu'un motif à fixer des attitudes, des scènes reposantes et pittoresques.

Je suis heureux pour ma part de reconnaître et de louer le grand effort réalisé par M. Hourtal qui, de ce fait, se place parmi les premiers jeunes peintres d'aujourd'hui. Ces études et ces groupes d'une couleur abondante et variée affirment fortement sa personnalité. Les attitudes toujours justes, le vécu des scènes, le coloris clair et chantant font de ces envois, et je n'en retranche aucun, un bagage suffisant dont on peut espérer de très belles œuvres. De la même lignée, M. Piet, avec moins de variété, évoque les villages bretons, tout clairs des coiffes blanches de ses femmes.

La vie joyeuse a ses observateurs amoureux et sincères. M. Castelucho qui poursuit l'évolution de son talent avec force et sûreté campe de sobres silhouettes de danseuses dans une pâte grasse et vigoureuse. M. Tony-Minartz dans les somptueux décors des cafés-concerts ou des avenues luxueuses silhouette les élégances demi-mondaines avec un sens décoratif remarquable. M. Ranft s'obstine aux gemmes miroitantes d'un coloris papillotant qui surcharge les grâces de ses personnages. M. Lempereur traduit les gestes de la vie élégante sans netteté, ainsi que MM. Guéroult et Auglay qui nous font assister aux folichonnes canailleries des bals publics. MM. Grün et R. Delaunay évoquent des ruelles et des silhouttes de Bretagne, MM. Marre et Turin le grouillement des marchés de Mautauban et de Dieppe. M. Chapuis malgré sa couleur allourdie de bleu évoque avec un grand entrain le parc des Buttes-Chaumont le jour de notre liesse nationale. *Fête* de M. Wittmann campe de jolies attitudes de femmes dans une vision charmante.

Mlle Stettler à qui le noir plaît beaucoup et qui possède un sens décoratif très particulier évoque le Luxembourg et ses silhouettes de bambins ;

M. Streib nous introduit dans les *Crèches* et nous y attendrit.

Une toile qui fut très remarquée et le méritait, est *Rêve du matin*, de M. Székely, où deux jeunes amants, enivrés des voluptés nocturnes, s'enlacent amoureusement sur le lointain du faubourg. A cette toile exquise on pourrait agrafer ces deux vers de la romance :

> C'est si gentil d'avoir vingt ans,
> D'être amoureux, d'être jolie.

M. de Castro a d'heureuses attitudes et les met en relief avec un sens aigu des élégances intimes de la femme. Citons aussi, pour leur grâce charmante, la *Tétée* de M. Mignon et la *Jeune mère* de M. Larrue, les attitudes graves des jeunes femmes de M. Marque, les silhouettes robustes de M. Cederlund dont *Paysanne* révèle le portraitiste vigoureux et précis. N'oublions pas les études sérieuses de M. Enault, les bébés et les mamans de M. Dupont et de Mme Dora Leigh, l'amusante bourgeoisie de Mme Dannenberg, *Misère* et *Rieuse* de M. Flament, les fillettes de Mme Mac-Causland, les scènes réalistes de M. Cœuret, les ouvriers de M. Le Petit qui peint toujours avec sécheresse, la vie des quais évoquée par M. Lecourt et les promesses de M. Ettapoff. Mais nous relèverons aussi les attitudes de mannequins des personnages de M. Deltombe, le faux sentimentalisme de Mme Jeanniot, les lumières irréelles de M. P. Cirou, les atmosphères de feu de MM. Tixier et Torent, les barbouillages sans caractère de M. Raoul de Mathan.

Peinture décorative

Très peu de peinture décorative, quelques essais, une tendance plutôt à soumettre les choses à l'arrangement décoratif. Les envois les plus conséquents sont de MM. Petitjean et Marcel Lenoir mais ils ne satisfont pas ; on devine ces artistes assujettis et écrasés par la grande maîtrise de Puvis de Chavannes. M. Girieud semble édifier consciencieusement son talent sur une originalité de bon aloi. M. Sérusier promettait mieux que ces anecdotiques panneaux des *Kobolds*, mais MM. Ranson et Roussel interprètent la nature avec beaucoup de simplicité, surtout M. Roussel. M. Charles Guérin inscrit toujours en d'élégants décors des gestes imaginaires et surannés. C'est savant, curieux, surchargé de couleurs mais ce sont des fantaisies que cet artiste doit abandonner, car ces deux portraits, *le Miroir* et *le Corset rose* lui indiquent la voie de la réalité.

M. Maurice Denis qui exposait récemment chez Druet d'harmonieuses et savantes toiles destinées à une salle de musique nous réimpose ses figures rouge-brique et ses adaptations néo-primitives ; M. Clouart, trop poncif, semble l'imiter avec beaucoup de verve.

Mlle George a d'heureuses inspirations, une formule originale et de discrètes qualités. MM.

de Froberville et Süe ont quelques affinités mais ne s'affirment pas suffisamment. Citons enfin MM. Hepp et Marzouhi de Bellucci, et que MM Flandrin et Cherfils excusent nos railleries, nous ne « marchons » pas.

Intérieurs, Natures mortes, Fleurs

M. Laprade est de ceux qui, doués d'une culture littéraire affinée, n'arrivent pas au résultat qu'ils ambitionnent. Incomplet, il s'affirme cependant un subtil notateur d'harmonies ; on devine plutôt qu'on ne ressent ses impressions, un peu confuses. Dans une vision également subtile et discrète, M. Francis Jourdain note de fines impressions, et *le Piano*, acheté par l'Etat, est une toile sobre, exquise. Que M. Henri Déziré, doué d'un grand talent, ne se laisse pas aller à des négligences, ne « bâcle » pas certaines études, ce qui, à des esprits non avertis, indiquerait des faiblesses. Qu'il développe en toute sûreté les harmonies de sa palette, il en a fourni des preuves irréfutables. Le même reproche est à faire à M. Vuillard qui se montra si remarquable au dernier *Salon d'automne*. A MM. André Bourgeois et Grass-Mick je souhaiterai un peu de la précision objective de M. Paterne-Berrichon et de la sobriété de M. Astié. Dans cette même note objective nous signalerons les intérieurs de M. Rosenberg, le *Casse-croûte* de M. Lamy, les natures mortes très colorées de MM. Charlot, Marinot, Plumet, Cosyns, Claudel

et Schœttel qui a d'autres titres à notre attention.
Les intérieurs de Mme Frémont sont charmants
de grâce et d'intimité, ceux de M. Agasse-Lafont
non exempts de mièvrerie et les fleurs de Mlles
Charmy et Bourdelle empâtées. Citons enfin, à
titre de mémoire, les œuvres en ce genre de
Mmes Galtier-Boissière, Galard et Wolff, de MM.
Chevalier, Falquet, Grillon, Joly et Gillet.

Dessins, aquarelles, pastels, gravure

Les envois de M. Hermann-Paul étaient tout à
fait inattendus. Ces portraits arrêtés en quelques
coups de crayon, ces simplifications de lignes et
de couleurs sont très heureuses. Voilà certes un
genre nouveau, l'on peut dire, tout à fait particulier à l'artiste et je ne m'étonnerais pas qu'il fit
fureur. M. Bruyer est à peu près le seul artiste ici
qui réflète en ses œuvres le malaise de la vie
sociale. Outre son sens curieux de l'affiche, *le
Vieux marcheur* est un groupe d'une synthèse
affreuse et d'une si vivante vérité. Mais je ne connais rien d'aussi âpre et d'une simplicité si dou-
loureuse que ces deux œuvres : *La Discipline, le
But.* C'est une malédiction formidable et définitive de la guerre, et ces deux œuvres répandues
par milliers seront plus fécondes que toutes les
diatribes antimilitaristes.

Nous avons remarqué aussi les larges lithogra-
phies de Mlle Carvallo, les études de M. de Peské, *la
Naine*, de M. Roll, d'un raccourci savant, les types

parisiens de MM. Rodo et Thomas, les notations londonniennes de M. Becker, les envois un peu imprécis de MM. Robin et Hervieu, les animaux de M. Vieillard, les curieuses et amusantes fantaisies de MM. Florane et Hawéis, enfin les crayons si légers, qu'ils ressemblent à du Portail, de Mme Desgenétais. Mlle Marie-Paule Carpentier continue avec bonheur l'évolution de son talent original auquel Mlle Adour semble prêter une attention qui lui nuira. M. Mauprat expose de robustes aquarelles et y interprète vigoureusement les pays de la mer. Voici encore les aquarelles larges de M. Lomer, celles délicates de M. Henri de Nion, la marine si extraordinairement sonore, *Portrieux*, de M. Ollivier, *The Canary* de Mme Bristowe. Les pastels de M. Prins forment une délicate série d'impressions notant, aux heures différentes du jour, les harmonies lumineuses de de la campagne, et les marines de M. Janssaud ne sont pas dépourvues d'ampleur, malgré leur minutieux dessin. N'oublions pas les types esquissés par M. Raoul Carré, les portraits colorés de Mlle Boulanger et ceux de M. Tristan Richard.

M. Eugène Vibert nous donne toujours de belles et savoureuses eaux-fortes et un *Mécisolas Golberg* d'énergique expression. Mlle de Lekow ne manque pas de vigueur.

Sculpture

La sculpture a peu d'amateurs et les envois sont menus et rares. M. Halou s'est contenté de ma-

quettes justes et solides, M. Hœtger également.
M. Pérelmagne relève le prestige de cette section
par des statuettes élégantes et primesautières d'une
verve extraordinaire. Cet artiste a le don de cam-
per prestement des silhouettes d'un parisianisme
de bon goût, et cette statuaire décorative et familière doit être encouragée de tous nos efforts, car
elle trouve sa place naturelle dans nos apparte-
ments qu'elle enjolive de sa modernité savoureuse.
Dans cette même note M. Yungbluth expose une
fine silhouette de parisienne, qu'il intitule *Les
Epaules* — et les épaules sont très séduisantes en
effet — M. Lamourdedieu pétrit de nerveuses
nudités de femmes d'un doigt agile et sûr ; M.
Loysel a d'amples contours de sensualité et sa
Claudine à l'école se rapproche beaucoup du type
créé par Willy, elle en a le vice délicieusement
inconvenant.

Il nous reste à citer les masques expressifs de
MM. Bourgoin, Ch. Boulanger, Verdilhan, les
envois de M. Marque, le portrait de M. Sérusier
par M. Lacombe meilleur sculpteur que peintre ;
les types réalistes de M. Astié, ceux quelque peu
alourdis de M. Cavaillon, les minois d'enfant de
M. Séraphin, minois que je préfère à ce *Marat*
hurlant à la tribune dans une attitude théâtrale-
ment démagogique. Nous avons encore remarqué
Souvenir de fête de M. J. Bérengier et deux nus
élancés de M. Lagare et de Mlle Schœne.

La Nationale

Portrait et Nu

La *Nationale* est manifestement le Salon du portrait. Une quantité prodigieuse d'effigies modernes, officielles ou mondaines, se prélasse aux murs, mais ici le portrait, très souvent, sert de prétexte à une exhibition éblouissante de costumes selects. L'école anglo-américaine y donne le ton et beaucoup d'artistes ont adopté ce goût du portrait en pied où la figure n'apparaît que comme complément aux somptueuses étoffes qui parent les « belles madames ». Il faut nous prémunir contre cette importation nuisible au vrai talent du portraitiste et se rappeler que le portrait est essentiellement la représentation de la figure humaine, en songeant au maître du genre, Rembrandt.

Nous retrouvons, chaque année, les manières invariables d'artistes arrivés à la renommée qui se soucient peu de « chambarder » leur palette, afin de trouver une formule nouvelle, une vie toujours plus intense et mieux exprimée. Ils se confinent dans l'*aurea mediocritas* à laquelle les soumit

le goût de leur clientèle et vous ne convaincrez
jamais MM. Weerts et Béraud, par exemple, que
leurs portraits sont faux, que la photographie en
couleurs donne un résultat meilleur, et qu'au nom
de l'Art dont ils n'ont qu'une idée très vague, ils
devraient cesser de fausser le goût du public.

Il est de bon ton de s'extasier devant les portraits de M. Carolus-Duran ; les snobs mondains,
bourgeois et autres ne manquèrent pas de remar-
quer la belle pourpre cardinalice de S. E. X...
Et quand donc n'aurons nous plus à redire que
les portraits poncés, jolis, fignolés et fades de
MM. Dagnan-Bouveret, Carrier-Belleuse, Rixens,
Sain, etc... sont aussi éloignés du bon goût que
la confection moderne l'est de l'élégance d'un
Brummel.

M. Albert Besnard semble amortir les somp-
tuosités lumineuses de sa palette et si je ne goûte
pas complètement ce groupe de *Mme M... et ses
enfants*, je voue, par contre, la plus franche admi-
ration à ce rutilant ambassadeur, *M. Barrère*,
évocation d'une silhouette chamarrée de l'Ancien
Régime traversant, croirait-on, les salons du
Grand Roi. Et cette réminiscence, dans un autre
ordre d'idées, s'applique à M. Guirand de Scévola
qui prête au portrait de la duchesse d'Uzès un air
tout à fait XVIIIe siècle, tandis que le portrait de
Mme A. D. ressemble plutôt à une évocation,
charmante du reste.

M. Cottet dirige ses recherches vers des
harmonies discrètes et, de sa palette, autrefois

forte en couleurs, surgissent des nuances grises d'une réelle beauté ; ces trois études de jeune fille sont fort savoureuses, simples, consciencieuses.

Une pléïade d'artistes semblent rivaliser de talent et c'est véritablement un plaisir de constater chaque année leur marche progressive.

Deux œuvres vibrantes de vie et de réalité nous ont été données par MM. Milcendeau et Caro-Delvaille. Ce *portrait* de femme par M. Milcendeau est une affirmation indéniable de son grand talent. Cette figure est véritablement de la chair vivante, expressive, où l'artiste se complut à fixer les innombrables reflets de la pensée et de la sensation de vivre. Dans une note plus discrète, combien la *Femme qui passe* de M. Caro-Delvaille est une créature de sensibilité et de grâce tranquille et souveraine. Cette face aussi est indéniablement surgie de la vie ; cette nuque savoureuse et sensuelle, cet air énigmatique, ce sourire, ces yeux friands et narquois, cette allure souple du corps parlent à nos sens et à notre pensée, comme si nous voyions surgir devant nous, dans la minute créatrice d'un rêve, la *passante* anonyme et symbolique, l'éternelle tentatrice en qui s'incarnerait notre âme moderne. M. Simon groupe de jolis enfants dans la clarté gaie d'un *Jour d'été*, et ces minois de bambins sont exubérants de vie et de rire, dans le coin de salon dont la fenêtre s'ouvre sur la grande bleue.

Dans une note discrète, avec une grande simplicité de moyens qui justifie sa maîtrise, M. Lavery expose de sobres et délicats portraits de femmes. M. Jacques Blanche semble s'échapper des profondeurs des harmonies savantes pour arriver à la surface d'une plus grande objectivité ; les portraits de MM. Simon, Shannon et Ricketts, de Mme Jacques Baugnies sont empreints de force tranquille. Dans une note plus colorée, avec des orchestrations somptueuses de nuances, M. Abel Faivre peint de jolies silhouettes auxquelles on souhaiterait plus de robustesse ; M. Jeanniot, à côté du *Portrait de Mme J...* dont la robe bleue demanderait à être atténuée, évoque une *Femme au masque* d'une laideur cadavérique et semble se plaire aux académies longues et affectées. Mais quelle souplesse et quelle douceur on retrouve dans les portraits de M. Friescke dont *Femme sur un canapé* possède la langueur adorable d'une féminité délicate et élégante. M. L. Picard ne se dégage pas assez d'une mièvrerie qui donne trop de mollesse à ses œuvres, et M. Allaux ne s'affirme pas assez robuste. M. Boldini se retrouve pareil à lui-même, avec un brio éblouissant, des sveltesses tellement affinées qu'elles peuvent à souhait caractériser l'androgyne.

Toute une école fleurit qui, comme je le disais plus haut, prête à l'habit une importance démesurée, négligeant un peu la figure où l'on voudrait voir une plus grande concentration de vie et de passion. Ces personnages surgissent tous en une attitude de décor — motif à peindre de belles étoffes, — mais la figure esquisse à peine une vague expression de vie, effacée qu'elle est par l'ampleur du costume. Une robe, une plume, un éventail, un meuble servent, du reste, de leidmotiv à ces portraits qui sont plutôt des symphonies de nuances. Tels sont les envois de MM. Woog, Ablett, Scharf dont je préfère de beaucoup *La petite ménagère*, Rolshaven, Brissaud (robe de soie), Smeers (robe d'un rose fané), Shannon et Brown dont les portraits sont une harmonie en noir et blanc, Renaudot (robe jaune). A côté d'eux nous trouvons des artistes qui, tout en ne négligeant pas le costume, ont le souci d'exprimer une âme dans une face. Tels sont les sobres et robustes portraits de M. Paul Ullmann qui conquiert d'année en année une véritable maîtrise, de M. Waagemans, très caractéristique, de M. Bellery-Desfontaines dont j'aime la simplicité et le charme, de Mlle Gay, supérieurement douée, de M. Glazebroock d'une élégance sobre et simple, de M. Jean Denisse dont la couleur est délicieuse et chaude, de Mlle Anita Sargent qui promet, de MM. Glehn et Bracquemont, un peu mièvres, de Mmes Darmesteter, Koznievska et M. Lambert. De bons portraitistes s'échappent de cette influence costumière et nous sommes heureux de signaler les œuvres de Mme Delasalle qui expose un portrait vigoureux empreint de force calme, de Mme Louise Breslau, aux couleurs truculentes, de M. Sternberg-Davids dont le portrait de *Mlle Romano* est éblouissant, de MM. Ludders et Jameson, deux peintres exquis dont les envois sont empreints d'une beauté délicate et discrète, de M. Lévi-Strauss, gracieux, de M. Rœderstein, sobre et nuancé, de Mme de Boznanska dont les figures indécises ne réflètent pas assez le caractère du modèle.

MM. Delachaux et Guiguet nous paraissent un peu faibles, et l'on aimerait rencontrer dans leurs portraits ce relief accentué qui ne troublerait pas la grâce exquise des jeunes femmes de M. Guiguet, par exemple.

MM. de la Rochefoucauld et Hokpins exposent deux œuvres décoratives d'une rare pureté, M. de Beaumont également. Dans une note exubérante de couleur M. de Monvel évoque les jardins de Versailles où passe une dame en costume éblouissant de bleu ; M. Charles Guérin dont je retrouve un portrait délicieux, mais incomplet, saura parfaitement adapter son sens décoratif des élégances surannées à la modernité gracieuse de la femme d'aujourd'hui. M. Morisset charme par ses nuances harmoniques et M. Morren tend au poncif.

M. Borchardt campe un Guillaume II le front dans les nuages, et, si l'artiste obéit à quelque suggestion de l'Imperator, chez qui l'on a toujours reconnu l'alliage du ridicule et de la folie des grandeurs, il réussit parfaitement à rendre Sa Majesté grotesque ; les railleries et les rires, du reste, ne lui ont pas fait défaut.

Pourquoi donc M. Prouvé qui nous avait ravi l'an passé avec un panneau décoratif d'un charme intense, s'est-il complu à des lumières enflammées qui faussent complètement ses portraits et ses paysages ?

Nous avons encore remarqué les jolies fillettes de MM. Burnand et Richir, les étranges silhouettes de M. Bottini, les fortes et robustes œuvres de M. Melchers, les études pleines de promesses de M. Czobel, de Mlle von Beckerath dont j'apprécie fort la facture large et la force austère, de M. Raoul de Mathan qui rachète à nos yeux ses incohérentes notations des *Indépendants*.

J'allais oublier le portrait éblouissant de femme qu'expose M. Castelucho, portrait d'une riche couleur, savoureux et plein de vie, cet autre portrait délicat, d'une force sérieuse et soutenue, qui annonce en M. Henderson un tempérament des mieux doués, cet autre encore, si précis et si vivant qu'il rappelle du Holbein, par M. Parisani, la gracieuse femme à la mandoline par M. Armand Point, et les masques poétiques de M. Hawkins.

Le Nu n'est pas en faveur cette année, M. Roll qui expose un *Dragon* d'une superbe envolée dans sa réalité pittoresque, qui, d'autre part, égaie une des salles aménagées au goût du riche amateur, d'un délicat paysage, *Journée d'été*, rempli de poésie, de lumière et d'air, a, certainement sans le vouloir, suscité un grand étonnement au public qui regarde sans comprendre cette femme nue allongée sur un matelas d'aspect pauvre. Vu ainsi, le raccourci offrait une sérieuse

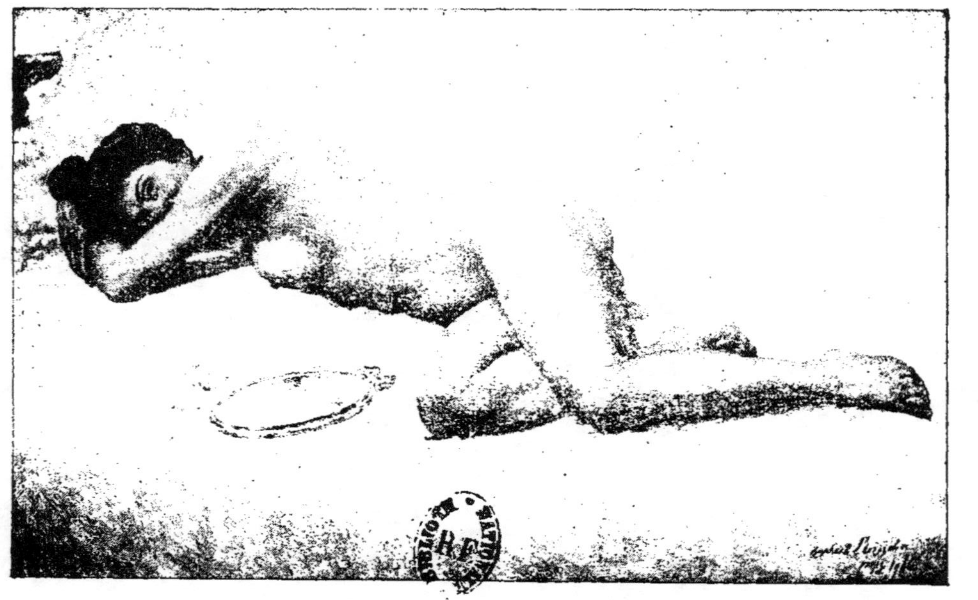

Salon de 1906.

Douce Paresse, par Raphaël Lewisohn.

difficulté mais on ne s'explique pas bien le motif de cette pose disgracieuse qui sent la salle d'opération. *Douce paresse* de M. Lewisohn est une œuvre de solide structure et l'artiste n'a pas plié le dessin du corps de son modèle au modelé d'une joliesse trop souvent remarquée chez d'autres, ce qui aurait atténué la vie. La chair, d'un rose grisâtre, s'étale en la douce nonchalance des membres au repos et la mine souriante du modèle dont on n'aperçoit que les deux yeux rieurs semble se complaire en la parfaite harmonie de sa sensualité quiète. *La petite masque* de M. J. Blanche semble, au contraire, pétiller de joie sensorielle dans la pose amusée de son corps et le modelé n'est pas sans une certaine afféterie, un peu mièvre. M. Morisset et Mme Frémont pétrissent à pleine pâte de grasses nudités dans un éblouissement de couleur rose et M. Armand Berton se complaît aux grâces massives de corps féminins à la peau douce, fine et ambrée. M. Truchet, par un raccourci plein de saveur, accroupit dans un tub une demi-mondaine qui passe l'éponge sur de récents contacts d'amour sous les yeux bienveillants d'une compagne.

Remarquons aussi les nus colorés et lumineux de MM. Lerolle et Worcester, la fine et nerveuse silhouette de M. François Simon ; notons enfin pour nous amuser la femme en porcelaine de Mme Madeleine Lemaire.

Paysage

De nombreux paysagistes nous rapportent d'un peu partout la magie des ciels, la joie du soleil, les symphonies colorées des campagnes, les moires et les reflets chatoyants des eaux. Tous ces paysagistes montrent une grande variété d'expression, un amour délicat de la nature, un sentiment aigu de la vie des choses. Ce n'est plus, à part quelques exceptions, le paysage de décor et de pittoresque, mais l'extériorisation d'une âme parmi des visions claires ou grisâtres, des harmonies vibrantes de poésie, l'éphémère beauté d'une heure et d'un coin de terre.

Nous laisserons de côté, bien entendu, ces peintres habiles qui semblent donner l'illusion de la vie ; nous ne nous arrêterons pas à MM. Chialiva, Meunier, Fourié et Harrisson qui, ce dernier surtout, peignent comme si la nature avait fait sa toilette.

Mais quelle sourde harmonie, tumultueuse chez MM. Baertsœn et Waidman, profonde et douce chez M. Vail, quelle magie dans ces eaux qui résorbent en elles l'âme charmée du paysage ! Avec quelle ampleur M. Willaert évoque sa Flandre, M. Thaulow la Hollande, M. Dumoulin la Somme. Venise, la perle de l'Adriatique, inspira MM. Smith, Iwill, Gillot, Le Sidaner. M. Smith évoque une Venise calme, claire et lumineuse, M. Iwill obtient des transparences et des fluidités exquises, M. Gillot, avec plus de

couleur, sait admirablement refléter la polychro-
mie des marbres dans la profondeur des lagunes ;
je n'aime pas la profusion somptueuse et papil-
lotante de M. Le Sidaner.

D'autres artistes, avec un sens profond des
harmonies grisâtres obtiennent des effets sourds
d'une subtile poésie. M. Lucien Griveau évoque
la campagne avec charme et simplicité ; M.
Moullé expose des vues de Moret d'une harmonie
d'autant plus profonde qu'elle est sobre. Les
œuvres de M. Meslé se recommandent par une
observation serrée et une justesse admirable.
Qu'elles sont vraies et belles ces lumières d'or glis-
sant derrière les nuées allourdies de pluie et venant
parer le clocher et les maisons blotties autour de
lui de cette lueur étrange précurseuse d'orage.
Cet artiste a des dons magnifiques et ses envois
sont dignes de tous éloges. Que dirai-je des douces grisailles de M. Duhem, de ces effets de brumes qui prêtent aux canaux d'irréelles perspectives, des *marines* amples de M. Mesdag, des symphonies assourdies de M. Billotte, sinon que ce
sont de belles et fortes œuvres de sincérité et
d'harmonie.

Et les envois ne manquent pas, tous marqués
au coin du pur talent, tels ceux de M. Havet qui
évoque à Médan la maison de Zola, enfouie dans
les massifs de verdure, ceux de MM. Souillet,
Houyoux, Vaijsse qui sont de fins harmonistes,
la Petite Maison de M. Breitenstein, ceux enfin
de MM. Fr. Jourdain, Howland, Westendorp,

de la Nézière, Ranft, Barau, Mme Davis, Gœpp, Allis, Méret, Créalock. N'avons-nous pas encore cet extraordinaire tableautin non catalogué (41 bis) de **M.** Avelot, d'un réalisme si pur et si intense, les fluidités de M. Moreau-Mélaton. Dans les notations de l'hiver où je remarque les délicates impressions de MM. Le Goût-Gérard, Hazledine, Chénard-Huché, Prins, Young, M. James Morrice se montre prestigieux. Les nuances bleuâtres et rosées de la neige n'ont pas de secret pour lui et ses œuvres dégagent cette maîtrise discrète à laquelle il nous accoutuma.

M. Lepère est un talent robuste ; il a de très heureuses synthèses et traduit la nature par des contrastes sobres et violents ; M. Dauchez est un tempérament de coloriste et ses envois expriment un effort considérable. M. Lagarde continue l'évolution de son talent solide et ses paysages sont empreints d'un charme robuste, tragique parfois comme dans *Vers la Guerre.* Combien d'autres encore dans cette note claire et cette facture large aurions-nous à étudier, mais, hélas, on ne peut pas dire en quelques épithètes les qualités réelles d'œuvres aussi nombreuses. Nous nous contenterons de citer des noms, trop heureux si nous pouvons un jour nous dédommager du plaisir que ces œuvres nous donnèrent. Nous recommandons donc les envois de MM. Dagnaux, aux couleurs gaies, cette délicate *Vallée de l'Arno* de M. Field, les envois d'ampleur décorative de MM. Kœnig, Costeau et Caillot, les larges et

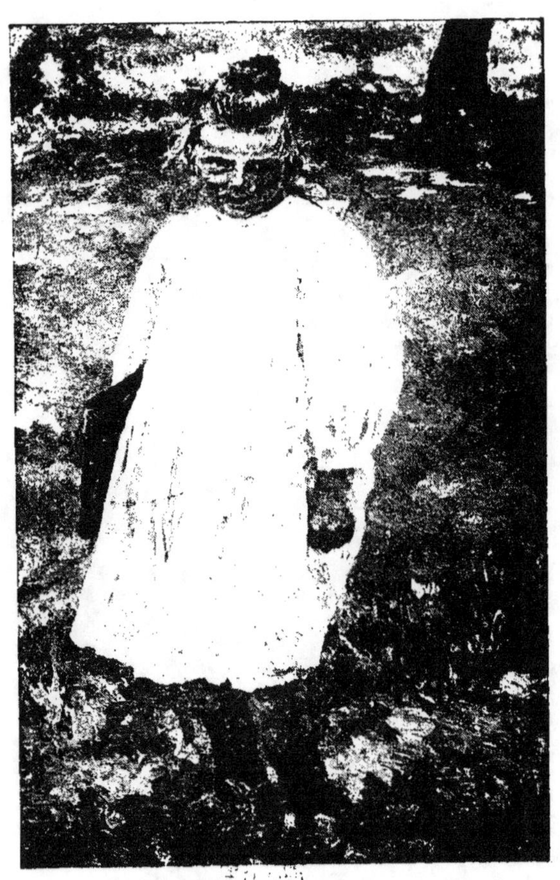

Blondinette, par Raphaël Lewisohn,

clairs paysages de MM. Paillard, Eliot et Corgialegno, les études pittoresques de MM. Scott,
Wittmann et Braquaval qui se pastiche. La précision de M. Damoye est un peu sèche et la fou-
guë de M. Wahlberg manque d'unité.

Voici maintenant les poètes de la lumière et de
la couleur, les harmonistes vibrant à toutes les
clartés, orchestrant les symphonies lumineuses
avec une ampleur remarquable.

Quel magicien que M. Buysse et comme l'infinie variété des choses apparaît sous son pinceau.
Le Canal en Décembre est la synthèse idéale
de son lumineux talent et la poésie qui s'en
dégage est inoubliable. Quelle symphonie aussi
cette délicate *Matinée de Septembre*, de M.
Claus, où les brumes argentées de soleil noient
les massifs et adoucissent les choses. Quelle
belle et tranquille clarté dégage cette *Vallée du
Loir* par M. Lewisohn et comme rutile au soleil
cette extraordinaire *Blondinette*, si nature, d'une
objectivité telle qu'on s'attend à la voir descendre
du cadre, et cette symphonie en gris : *les Champs*.

Nous retrouvons M. Diriks, M. Lebasque dont
les envois ici sont beaucoup plus soignés et dont
je signale avec plaisir les belles vues de Pom-
ponne et *Effet de neige*, M. de la Villéon, M.
Madeline. M. Prunier est toujours aussi nerveux
et coloré, brutal quelquefois, comme dans cette
rue Réaumur d'un flamboiement exagéré. MM.
Clary et Rowland, au contraire, ont de délicates
notations fluides d'un effet très doux. M. Cheva-

lier traduit une Bretagne austère et colorée, MM. Pozier et Boutigny sont des impressionnistes originaux et M. Verstraeten expose *Germinal* d'une ampleur, d'une perspective et d'une aération très remarquable. Citons enfin MM. Picquefeu, Desmoulins, Dociékine, Tudor Hart, Viala, Silice, Vautrin, Guignard, Créalock, Brougier, Boulard, Ferencsy, Blood, Apol, Mmes Gautier et Leigh chez qui nous avons remarqué de très bonnes choses et que nous nous ferions scrupule de ne pas signaler à l'attention des véritables amateurs.

Vie moderne

Quelques scènes de pittoresque, de la vie menue, des notations de mœurs, quelques types, des attitudes, telle est l'impression qui se dégage des œuvres abordant la vie moderne. On nous fera grâce des Guillaume, d'une joliesse fade, des Roybet, d'une précision froide, des Perret, irréels, et d'autres poncifs du genre. Mais nous retrouvons avec plaisir les coiffes blanches de M. Piet, les bébés de Mlle Stettler, M. Henri Thomas dont *l'Habituée* ne manque pas d'allure, le talent délicat de M. Hourtal, M. Tony-Minartz qui expose un portrait en noir d'une impression étrange et belle, Mme Dannenberg.

M. Henri Gervex chronique la vie élégante avec beaucoup de minutieuse observation et une joliesse séduisante parallèle à sa peinture précise, un peu poncive ; M. Prinet évoque un *Balcon* garni de personnages très drôles, dans une lumière factice.

On retrouve toujours le charme simple et rustique qui s'accorde si bien à la réalité que traduit M. Lhermitte et M. Boyer exprime avec justesse et force une *Fête rustique* en Bretagne Il ne faudrait pas que l'Etat se crût obligé d'acheter de la mauvaise peinture parce que M. Berteaux évoque une scène poignante : *Dernier retour*. M. Giron, en une toile colossale, groupe tout un village suisse assistant à une *Fête de lutteurs*. Ce fut un travail énorme et les personnages sont tous attentifs, d'une façon naturelle, à la lutte des deux gars musclés, mais combien les montagnes qui servent de cadre à cette scène demanderaient à être éloignées, aérées, de façon à donner une ampleur superbe, absente de cette œuvre.

M. Dinet se confine dans l'étude d'Algériennes, à la peau extraordinairement rouge ; de même M. Aublet qui exagère sa couleur. M. Bernard continue la chronique de cette vie exotique en groupant de jolies Egyptiennes et M. Anthonissen évoque un *Soir d'hiver sur une ville saharienne* d'une grande poésie.

La rude existence des pêcheurs bretons, les mœurs austères de cette race, les physionomies de volonté têtue ont tenté le talent très particulier de M. David-Nillet auquel il faut reconnaître une originalité et une force de premier ordre. Très beaux aussi les *Haleurs* de M. Thysebaert, les *Enfants du Pêcheur* de Mlle Mourse qui marche à grands pas vers la perfection, les types bretons de M. Suréda, la *Femme de marin* de M. Oleff et la *Petite Bretonne* de Mme Fleury.

Nous goûtons moins la *Magnanerie* de M. Montenard dont les lumières rouges exagèrent l'entrain, le *Printemps*, de M. Biessy, d'observation réaliste mais de peinture fade. Par contre, nous louerons la belle allure de ce groupe si vivant de M. Braun, de cet autre groupe d'enfants rieurs si joliment expressifs, par M. Garrido, tout en négligeant ses fausses fantaisies de plein air, *Café-concert* de M. Canals, en regrettant de ne pas trouver d'autres toiles de cet excellent artiste, le groupe des *Commères* de M. Opsomer.

Nous citerons aussi les douces notations des études de MM. G. Griveau, Bastien, de Mlle Schwedeler et les envois de MM. Finkelstein, Powers, Oberteuffer, Mancini à qui nous souhaitons un peu moins de papillotantes lueurs blanches.

Peinture décorative

A d'excellents envois, nous opposerons de suite l'allégorie confuse, *le Juge*, de M. Lévy Dhurmer, celle chauvine et « carte postale » de M. Weerts, celles enflammées et idéalement fausses de M. Friant, celle de mauvais goût de M. Schœn. Nous ne nous arrêterons pas davantage aux fantaisies de M. Jean Véber qui tourne à la petite chronique d'illustrateur pour livres d'enfants.

Combien nous leur préférons cette cruelle allégorie de Willette, expression de toute une époque, éternel symbole de la Pensée montant vers les cîmes et muselée par les Forces brutales du Mensonge.

Nous ne goûtons pas entièrement les décorations de MM. Ménard et Osbert. Ce sont évidemment des œuvres savantes, de coloris harmonieux, mais trop éloignées de la réalité sur laquelle la décoration quelle qu'elle soit doit trouver son canevas. *Orphée* de M. Auburtin ne nous conquiert pas complètement, malgré le grand effort de l'artiste ; *Mens agitat molem* de M. Koos est une composition bien ordonnée, mais ces ouvriers de convention ne sont pas les types réels du travail ; ils sont trop pommadés et leurs gestes sont faits pour la galerie. Nous retrouvons encore les terres cuites de M. Maurice Denis, statuettes creuses, semble-t-il, dont la lumière rougeoie la consistance.

A toutes ces œuvres nous préférons certes l'ampleur et la réalité de M. Chudant qui sait adapter parfaitement à la nature la tournure décorative de l'esprit. Et avec quel brio M. La Touche sait plier la réalité à toutes les splendeurs du rêve, avec quelle profusion de couleurs il idéalise les choses et comme ce *Voyage de noces* suscite dans l'esprit la raillerie tendre du souvenir.

M. Bunny ne s'est pas encore dégagé complètement des réminiscences italiennes dans *Vers*

Cythère, mais la *Scène au bain* et ce groupe de portraits nous donnent une haute idée de son talent harmonieux, coloré, savoureux qui joint à la grâce vénitienne l'austère somptuosité de l'école anglo-américaine.

Nous signalerons encore les œuvres de M. Aman Jean qui semble piétiner sur place, de M. Baudouïn chez qui j'ai beaucoup goûté la réalité décorative de ce panneau l'*Hiver*. *Le Repas* de Mme Delasalle et *le Bain* de Mlle Carpentier sont deux œuvres d'une sobriété remarquable. Citons aussi le lumineux panneau de Mlle Esté, *le Cauchemar* de Mlle Porter, *Baigneuse* de M. de Bellucci et les restaurations gothiques de M. Rachou.

Intérieurs, Natures mortes, Fleurs

Un bel intérieur est un paysage, il nécessite l'harmonie des choses familières. Jamais M. Walter Gay ne se montra intimiste exquis comme dans cette série d'intérieurs élégants d'une justesse si grande, d'une délicate beauté. Les tentures, les meubles, les portraits anciens, tout s'harmonise et donne l'impression d'une vie calme et bénigne. Les intérieurs de M. Lobre aussi sont délicats et minutieux ; cette nef d'église égayée d'une rosace est véritablement le lieu de la prière et du recueillement, comme cet *Intérieur de Saint-Paul à Londres* par M. Bunny. Avec quelle précision et quelle simplicité harmonieuse M. Ullmann a peint *Au Buffet,* petite toile définitive digne d'entrer dans quelque Musée. Avez-vous remarqué dans l'ombre du pourtour cette délicate *Potiche rose* par M. Rosen ; quelle toile exquise et définitive aussi. Ces deux œuvres ont déjà la valeur de choses très rares que l'on ne retrouve plus.

D'autres intérieurs, ceux de Mme Galtier-Boissière, de M. Bloomfield, *le Salon Jaune* de M. Upton, *Coin de l'Atelier* de M. Patterson, la délicate notation de M. Clark, les larges clartés de M. Saglio et ceux de M. Pelecier sont marqués au coin du bon goût.

M. Bouvet enfin a réalisé, dans la douce clarté des lampes, deux œuvres auxquelles ne nous avaient pas habitués les lueurs, factices presque toujours, de ceux qui se hasardent à vaincre l'énorme difficulté de ces lumières d'intérieur. Dans *Chansons grises* notamment, il y a une vibration douce et réelle de la lumière des lampes du piano sur les figures, et cette clarté tremblotante, incertaine, s'en va jusqu'à faire éclore de l'ombre la silhouette d'une femme assise. C'est véritablement une œuvre très rare, d'une prestigieuse exécution, d'un charme exquis.

Dans les natures mortes, nous signalerons les envois très en relief de M. Storme, ceux de MM. Travis et Johnson. Nous ne manquerons pas de noter aussi les fleurs délicates de M. Dumont, celles de Mmes Duhem et Cornélius, celles de M. Georget Faure.

Sculpture

Les envois furent discrets. M. Rodin expose une tête énergique, M. de St-Marceaux un joli buste, M. Bartholomé une jeune fille d'une pureté de lignes remarquable, M. Desbois un portrait de femme très vivant et M. Bourdelle traduit une allégorie par un buste ample et fort.

M. Injalbert envoie deux têtes exquises et un groupe de grâce sensuelle qui rajeunit superbement la réputation mythologique des nymphes et des œgypans luxurieux, « et ceci se passait en des temps très anciens. »

Parmi les œuvres de plus grande envergure, M. Halou qui résume dans une physionomie de *Vieille femme de la Beauce* ses qualités essentielles de vigueur et d'observation, expose d'autre part *La Condamnée*, nu pétri en pleine pâte. Dans cette note, M. Arnold agenouille une puissante *Esclave* ; M. Schnegg dresse un torse vigoureux de *Vénus* ; M. Niederhausern-Rodo fait jaillir du marbre un torse de femme exubérant de vie : *L'Offrande à Bacchus* ; M. Proszynski évoque une *Ivresse* d'une saisissante réalité et M. Lamourdedieu dresse un *Caïn* superbe.

M. Kracht, en un torse puissant et mâle d'*Homme aux bras croisés* commente cette phrase de Mirabeau, à laquelle la Révolution russe vient de donner une actualité tragique : « N'irritez pas le peuple qui, se croisant les bras, peut arrêter le monde ». *La Muse noire* de M. Temporal évoque d'autres évènements douloureux, la révolte aussi de cette force populaire dont d'autres artistes esquissent les types frustes : *Le Mineur*, par M. Melin, œuvre inspirée du regretté maître Constantin Meunier, *Le vieux Carrier*, par Mme Bernières-Henraux, *Les Maréchaux-ferrants* par M. Pinchon, *Le Bûcheron* par M. Wittmann, *Les Paysans* de MM. Clostre et Géo Lefèvre.

Dans les notations des types ou la recherche des expressions nous avons encore remarqué les têtes de vieillards de M. Derré qui réexpose *Louise Michel*, de Mlles Mayer et Hart, de MM. Diligent et Pimienta.

D'excellents portraits sont envoyés par MM. Wittig, Toussaint, Despiau, Paulin, Cazin et Berthoud. M. Aronson évoque un *Beethoven* tourmenté et farouche, M. Lerche un *Bjœrnstierne-Bjœrnson* d'une raideur hautaine, M. Mars-Wallett *Un Moine de Carthage* tel qu'en connut l'Inquisition, M. Borglum un *Ruskin* magistral et travestit avec brio un *Néron* en boucher.

Le trio rieur de Mme de Frumerie est de beaucoup inférieur à son *Grain de sel* de l'an passé ; le petit buste rieur de M. Flodin est au contraire charmant de bonhomie et les jeunes paysannes de M. Ruth-Millès tout à fait séduisantes.

Nous nous complaisons aux nudités savoureuses de M. Fix-Masseau et nous nous laissons captiver entièrement par le groupe de M. Pérelmagne et l'art charmant de M. Voulot qui campe d'exquises danseuses, aux contours nerveux et souples d'une grâce sensuelle irrésistible.

Dans une autre note soulignons aussi *Le Pauvre honteux* de M. Cornu, la scène charmante du *Retour* par M. Chastenet, les études nerveuses, à la cire, de M. Ganesco, les silhouettes primesautières de M. Ottilio : *Gigolette*, de M. Gyllenhamar : *La Matchiche* et *Au café*, de M. Blanchot : *Sous le sceau du secret*.

Finalement MM. Froment-Meurice, Bugatti, Bouclet et Kemmerich sont de fort bons animaliers.

Salles Carrière, Gustave Colin et Renouard

La mort récente d'Eugène Carrière prête à cette salle un aspect funéraire étrange qu'amplifie le groupement de ces visions surgies des limbes mystérieux de la vie, prêtes à s'évanouir, semble-t-il, dans les pénombres obscures qui les entourent.

L'art d'Eugène Carrière fut une exception et l'Histoire le placera sans doute à l'écart, tel un artiste de choix doué d'une sensibilité extraordinairement subtile et concentrée, estimé d'un petit nombre, comme tous les talents fermés à l'exubérante familiarité du *vulgum pecus*.

L'art de M. Gustave Colin est un amalgame de sobriété et de luxuriance de couleur qui donne un grand relief à ses œuvres. Cet ensemble exposé révèle surtout en lui un paysagiste de premier ordre et un peintre de la vie basque et espagnole.

L'on s'étonne aujourd'hui de voir que cette superbe *Pelote basque* fut refusée autrefois. Avec quelle intensité de vie cet artiste met en relief l'existence passionnée des foules espagnoles assistant aux *Courses de taureaux* ; avec quelle ampleur simple il évoque la *Récolte du maïs* ; avec quelle couleur locale et quelle saveur il nous décrit la pittoresque beauté des ruelles de Fontarabie ! Ces paysages des Pyrénées sont des œuvres définitives et l'Etat fut bien inspiré en achetant le *Mont Sécuna*, exquis comme *le Chemin montant* et *le Soleil dissipe les nuages*.

La Nationale vient de créer un précédent qu'il faut encourager.

M. Renouard est le petit anecdotier de l'Histoire, le notateur des silhouettes officielles, des foules badaudes des cérémonies nationales. C'est d'un très petit intérêt, bon tout au plus à retenir l'attention des lecteurs de *Petits suppléments illustrés*, friands de ce reportage.

Les Artistes Français

Le salon des *Artistes Français* est surtout le salon de l'anecdote, du tableau de genre, de l'allégorie surannée, des grandes machines aussi vides que monumentales. Cette appréciation s'applique au plus grand nombre, à la masse des ouvriers pasticheurs, éternels élèves d'un Art qu'ils ne connaîtront jamais, car au milieu de cette pléthore d'artisans, d'excellents artistes, de très beaux talents souffrent de ce voisinage où leurs œuvres discrètes sont effacées par l'étalage prétentieux de la Souveraine Médiocrité. Nous ne répéterons pas ce qu'il faudrait répéter tous les jours, que tels ou tels dont le public prononce le nom avec respect sont des gloires creuses, d'autant plus grandes qu'elles incarnent mieux la Médiocrité qui les adore ; nous ne fatiguerons pas davantage le lecteur d'une énumération de faux talents, de poncifs et autres succédanés, aussi fastidieuse qu'inutile. Nous nous contenterons de glaner parmi ce fatras les œuvres d'art dignes de retenir l'attention, priant les quelques oubliés de nous pardonner.

Portrait et Nu

Ici surtout, et cette année mieux encore, une remarque s'impose : l'influence de Whistler grandit de jour en jour. Elle se manifeste, tel un grand souvenir d'où émaneraient toutes les vibrations nouvelles de la Peinture moderne et vers lequel on est attiré comme par un magnétisme inconscient. Ce grand artiste résorba peut-être en lui la plus forte intensité d'art de l'époque et, comme un pôle chargé d'effluves il influence ceux qui cherchent après lui. La distinction suprême, l'élégance hautaine et la souveraine harmonie de son art ont provoqué l'évolution qui se dessine — réaction contre une indiscipline notoire dont on eut l'engouement prématuré.

Les meilleures œuvres sont envoyées par l'étranger et, dans cette série élégante et distinguée de portraits, l'influence de Whistler est manifeste. C'est ce qui leur donne à peu près à toutes le même caractère, mais il faut loyalement reconnaître que, sans l'imiter, ces œuvres le rappellent très souvent avec bonheur. C'est là le privilège des chefs d'école.

Les envois de M. Congdon : *The music Master* et *Un sportman* sont deux véritables perles. Avec une simplicité remarquable, cet artiste a su faire deux œuvres d'une beauté rare et définitive. Le maître de musique est une page exquise, sobre, harmonieuse, quelque chose d'étranger à notre art exubérant et objectif, de simple et concentré avec un air d'aristocratique tenue qui n'est pas de notre race.

Avec quelle douceur et quelle maîtrise, M. Richard Miller a peint ce portrait de femme et combien cette physionomie discrète résorbe en elle de vie intense. M. Adler aussi fit une très belle œuvre de son portrait, silhouette extraordinairement vivante, d'un caractère étrange qui retient et fait songer...

Dans cette même note discrète où la force indéniable de l'artiste sait se plier aux souplesses exquises des modèles, les portraits de MM. Birley Cook, de Mlle Corson sont des pages de vie intense des œuvres auxquelles il faut avoir le courage de reconnaître une supériorité de premier ordre. Et quelle belle et forte toile que ce *Type du quartier* par M. Hubbell, avec quel réalisme de bon goût cet artiste a su faire vivre ce personnage, désormais définitif, résumé précis et robuste de toute une race des Brasseries du Quartier latin.

Discrètes et harmonieuses aussi les œuvres de Mmes Critcher, Palmer et Lavrut, de MM. Knopp, John Russell Zézzos, de Mmes Campell-Brunton, de Colayes, Haslip, de Flotow, et comme ils sont gentils ces portraits d'enfants de MM. Barbey, Coutts-Michie, Du Mond.

Dans une autre note claire où les couleurs chantent harmonieusement, où l'arrangement décoratif de la toilette donne je ne sais quel air distingué et discret en même temps, nous retenons les portraits de M. Cauvy, de Mlle Hunt, cette exquise

Fleur blanche de M. Brunner, ces délicates silhouettes de MM. Jastrebzoff, Seymour Thomas, Selmy, Canet, Laszlô, Lhomme, la *Femme peintre* de M. Walter Thor, et ces prestes notations de MM. Réa del Sarte, Alme, Saumarez, Watson et de Mlle Lauriol.

D'autres portraits plus graves, plus serrés, plus robustes se signalent d'eux-mêmes par leur charme indéniable. M. Déchenaud nous présente un *Dujardin-Beaumetz* d'agréable bonhomie et un groupe véritablement très harmonieux et sobre auquel j'opposerai la truculence disparate un peu de M. Grau et celle harmonieuse et pétillante de M. Raphaël. M. Tranchant expose deux œuvres robustes, ce jeune homme à demi assis sur le bras d'un fauteuil près d'une bibliothèque et cette ravissante vieille dame auprès d'une table agrémentée d'une belle nature morte. Très enlevé aussi cet officier de M. Akesson, ce portrait en pied de M. Alfred Palmer, ce jeune homme de M. Figge, à qui l'on prête une fougue d'interlocuteur passionné. Très originaux les portraits anglais de M. Cope, cet autre de M. Laparra dont nous reparlerons, celui de M. Griff, cet homme assis dans la figure duquel il manque quelque chose, celui sur fond de monuments par M. Bedorey. M. Zo paraît bien, bien faible, cette année et nous attendions tout autre chose de M. P. A. Laurens qui donne un portrait quelconque et une *Impasse* bien mesquine.

Nous avons plaisir à signaler dans cette déviation du portrait vers le type cet extraordinaire *Type du quartier latin*, par M. Valérian, cette petite femme d'allure nette et d'un profil si réaliste et si juste, *l'Homme au manteau* par Mlle Bamberger, pochade juste et vivante, cette silhouette menue et bien campée par M. Vouillemot, et cette gracieuse, sobre et discrète étude de *Jeune fille bretonne* par M. d'Estienne. M. Patricot continue sa manière et je m'aperçois aujourd'hui qu'il possède une habileté considérable dûe, sans doute, à sa science de l'eau forte et de la gravure, mais que ses ressources de peintre sont très limitées.

Les portraits en plein air de MM. Léon Félix et Nitsch ne sont pas tout à fait exempts de flottement qui nuit au caractère des personnages. Nous avons encore quelques portraits nets de MM. Calbet, Biloul, Delpech, Cazes, de Mmes Beaury-Saurel et Fiélitz, de MM. Hornecker, Charavel, Troncet, Natter, Franck Muller, les harmonies sombres de M. Zigliara, un gracieux profil d'enfant par M. Enders et j'allais oublier une œuvre de premier ordre, certes, un portrait de M. Walter Thor déjà cité, cette rutilante physionomie de *Giuseppe Buonamici*, fortement charpentée, robuste, peinte d'une façon serrée, où la vie se réflète ardemment.

On nous fera grâce des Chartran, Ferrier Humbert, Dawant, Flameng, Bonnat, Etcheverry, Georges Bergès, etc.

Le nu, je parle du vrai nu — et non de ces nudités à la gélatine dont la fabrication prospère toujours — est excessivement rare. L'exemple de M. Saintpierre n'encourage guère à coup sûr, et l'Etat qui se plaint toujours de n'avoir pas d'argent pour acheter en a eu vraiment à gaspiller pour *commander* cette horrible *Daphné*. La toile est, il est vrai, du goût du contribuable, il ne se plaindra donc pas.

La meilleure œuvre de nu est sans conteste celle de M. Csok, *Thamar*, exempte d'afféterie robuste, saine, dont la chair sensuelle évoque avec bonheur l'épisode incestueux de la fille de David. *La Masseuse*, de Mᵐᵉ Chauchet-Guillerie, est une œuvre délicate, décorative et claire, quoique la nudité de la femme massée soit un peu molle. Mˡˡᵉ Boucher expose une fort belle étude très harmonieuse, d'un modelé charmant sans mièvrerie, également M. Gaensslen chez qui je n'aime pas ces ombres un peu trop rougeâtres. M. Lard est toujours un brin anecdotique mais conserve ses qualités de grâce et de coloris sobre. M. Joannon, par exemple nous a déçu et cette nudité mièvre, d'un rose affadi n'était pas attendue après *Préparatifs* de l'an dernier. Mˡˡᵉ Madeleine Carpentier expose un bébé de couleur gaie et M. Lévêque dont je n'ai pas signalé le bon portrait de femme au piano me semble plutôt doué d'un véritable talent de sculpteur. Ces nudités sont massives, très en relief, un peu couleur bois clair, mais très vivantes.

Mˡˡᵉ Dufau devient poncive, avec des nus ivoirins pareils et des arrangements décoratifs toujours semblables. *Intimité* de M. Roberty manque un peu de virilité.

Paysage

Le paysage reste indécis dans la mémoire, parce qu'il n'offre aucun relief saisissant, aucune recherche nouvelle dans cette infinie variété d'harmonies qu'est la Nature.

On y retrouve deux manières, l'une claire qui habille les choses d'un coloris gai, l'autre sombre dont les beautés surgissent d'une orchestration sourdes de nuances grisâtres.

Dans une profusion de couleur exubérante, avec un sens très particulier des lumières et des ombres, M. Maurice Chabas expose un *Port-Maneck* éblouissant. Les paysages de M. Gagliardini s'empâtent trop pour vibrer dans l'espace et ce reproche est à faire à M. Bertram pour ses *Chaumières d'Artois*, où l'aération manque, mais qui, dans *le Batelier*, reste fort intéressant coloriste et décoratif.

Nous retrouvons un magnifique paysage, *Vieilles fermes à Uchon*, de M. Claude Rameau, dont le talent très personnel, l'observation juste et la vision claire n'obéissent à aucune des formules en vogue. Cet artiste très consciencieux affirme déjà sa personnalité avec force et c'est un des jeunes peintres les mieux doués à l'heure actuelle.

Nous retrouvons aussi M. Amoretti qui sait

capter les capricieux reflets des eaux. Le *Potager au Val fleuri*, de M. Roubichou, est une œuvre de saine et robuste franchise, très en relief par l'observation précise jointe à une ampleur de traduction remarquable.

Nous avons les talents très particuliers de M. Eugène Chigot qui expose une délicate notation d'hiver et cette *Cour du notaire*, d'une charmante poésie crépusculaire, de M. Grosjean, robuste paysagiste, doué d'une vision exacte, et qui la traduit avec une précision compacte et serrée, une couleur un peu sombre mais nuancée ; de M. Jansen dont les lumières blanchâtres très particulières donnent beaucoup de mobilité aux ombres ; de MM. Ribeaucourt, Gihon et Desbois, talents clairs et sobres ; de M. Dabadie qui expose deux paysages décoratifs très colorés ; de MM. Stéfanicz et Réalier-Dumas qui traduisent, le premier, un *Printemps*, dont la belle couleur rehausse l'impression de mélancolique solitude, le second, un paysage exotique de forte couleur paré d'arbres aux troncs bizarrement tordus et ouvrés.

Et dans cette vision claire, nous retenons les envois de MM. Vandamme, Fouqueray, Jacque Taib, Lefort-Magniez, Massé, les *Marchés* décoratifs de M. Lizal, le *Moulin* de M. Wéry, les vues de Venise de MM. Bompard et Duvent, la *Procession* de M. Camoreyt, discrète, à laquelle j'opposerai l'exhibition grotesque de M. Georges-Bergès, les sobres marines de MM. Asthon, Kay et Park, celle délicate et poétique de M. Guinier, ces deux paysages de villes, la *Rue Réaumur*, de Mme Adam, d'une belle ampleur, et les perspectives extraordinaires de New-York par M. Cooper.

Dans la note discrète et assourdie où le paysage semble refléter un sentiment de poésie imprécise nous remarquons *la Route de Glandelles*, de feu Thiérot, œuvre sobre et définitive, digne du Musée, *le Chemin dans la forêt* par M. Dougherty, sur *le Chemin de Fonteneilles* par M. Amédée Buffet et l'*Inondation* de M. P. Blondeau, œuvres délicates où les reflets crépusculaires glissent sournoisement et amplifient l'étendue. Les lumières du soir parmi les pénombres nocturnes, ont tenté MM. Calvet, Gray et Campbell-Taylor qui nous donnent des œuvres fines et harmonieuses, Mlle Pêpe qui me semble avoir manqué son but et dans l'envoi de laquelle je ne constate pas cette poésie vibrante remarquée dans *Soir de brume* de 1904, M. Louis Jourdan qui peint un *Soir d'hiver* d'ample perspective et de notation délicate. MM. Prat et Désiré-Lucas sont des harmonistes subtils et M. Houzé rappelle un peu M. Duhem.

M. Holmès enfin nous envoie un petit chien d'une gentille réalité, M. Ruch une *Sortie d'étable* fortement colorée et pittoresque, et, dans ce genre où le paysage sert de cadre à la vie des animaux, Mlle Morstadt me semble douée d'un remarquable talent. Ses deux œuvres inspirées de l'âpre et rustique Corse sont très fortes et ces bœufs massifs et lourds sont superbes, dignes de susciter l'attention des amateurs de Paul Potter.

Vie moderne

Quel beau talent que celui de M. Jules Pagès, talent sobre et fort, fait d'une observation précise et large, d'une inspiration réaliste sans forfanterie, simple et de bon goût. Je crois bien que cet artiste réalisera dans ses œuvres les plus belles pages de l'étude du peuple et sans visées humanitaires, sans allégories, toujours un peu prétentieuses, il inscrira des types et des scènes définitifs où notre époque demeurera dans son atmosphère réelle, sa manière de vivre et son pittoresque. C'est ainsi que cette toile : *Au cocher fidèle*, est le pendant de *Sur le zing*, de l'an dernier, et condense les mêmes robustes qualités, la même belle lumière naturelle, la même savoureuse réalité.

Dans cette notation de la vie populaire le groupe de M. Adler me paraît beaucoup moins en relief, un peu confus, avec d'incertaines attitudes qui gênent l'ensemble de cette *Soupe des pauvres*. M. Henri Déziré est aussi l'observateur penché vers la vie, vers le pittoresque de la rue parisienne et son *Vieux cheval* résume dans sa réalité saine un des épisodes lamentables de la plus noble conquête de l'homme. C'est une belle toile d'harmonieux groupements, de vision nette, de couleur claire. M. Belle peint les *Déshérités* avec une intention d'apitoyement un peu romance.

La vie de la campagne, des ouvriers des villes, de tous ceux qui peinent avec résignation passive est ici exprimée par de fort bonnes œuvres. Nous avons les toiles d'observation serrée mais d'un plein air un peu factice, de Mlle Desportes ; de M. Antin qui évoque des *Charbonnages* dans une tonalité sombre ; de M. Jonas qui groupe dans un triptyque d'une réelle ampleur la vie des mineurs d'Anzin, des faces âpres et rudes, des attitudes fortement déprimées par le labeur fatiguant des mines ; de MM. Ryder, Trigoulet et Verhaert qui traduisent avec force quelques scènes de la vie si mouvementée et parfois si angoissante des pêcheurs bretons ; de M. P. Vauthier qui s'inspire du quai de Javel avec beaucoup de réalité poétique et pittoresque. La vie des champs suscite les envois de M. Alcala Galiano, robuste talent qui nous initie en une toile ample et colorée aux détails des moissonneurs hollandais, de M. Elias, de M. Johnson qui peint la *Fabrication du cidre* avec entrain et pittoresque. M. Linde colore intensément un *Marché de Bruges* et M. Spear évoque celui du boulevard Edgar-Quinet avec une justesse d'observation remarquable ; cette toile contient les plus riches promesses, les plus belles qualités.

Dans cette note, nous citerons encore les scènes bien observées de MM. Marret et Denet, le *Philosophe*, de Mlle Marcotte, que je préfère à la *Serre des lilas*, *Fin de journée* par Mlle Leese dont on peut attendre beaucoup.

La vie élégante, demi-mondaine et bourgeoise l'existence hétéroclite du café et du théâtre ont fourni d'excellentes œuvres. Avec quelle force tranquille et sereine M. Richard-Miller interprète ce *Café de nuit*, avec quelles délicates notations et nuances, dans quelle harmonie générale et prestigieuse il transcrit son observation. La même scène par M. Balestrieri manque de cette ampleur sereine, de cette discrète élégance, et, si je la préfère à l'*Attente chez l'éditeur*, je souligne cependant en cette dernière œuvre une grande justesse d'observation, qualité que je trouve aussi dans l'attendrissante *Epave* de M. Caputo. Très belle l'*Ovation* de **M.** Laparra, œuvre claire et émue, d'une si belle lumière, d'un accent chaleureux, d'une force intense.

MM. Raoul du Gardier et Lobel-Riche ont d'heureuses inspirations, mais leurs envois manquent d'entrain et de vie. Le contraire se manifeste chez M. Mezquita dans un *Un bal en Espagne*, œuvre de forte impression accentuée par ce groupe d'aveugles musiciens auxquels une femme rieuse donne à boire. Puisque nous sommes en Espagne, notons les envois de M. Bilbao, l'*Aumône* surtout, d'un pittoresque anecdotique et charmant, où la charité n'a pas cette gêne que l'on observe à Paris, de M. Charavel qui me semble peindre d'après des réminiscences provoquées par M. Zo.

Les œuvres de M. Desurmont sont amples, d'une couleur savoureuse et d'une observation de bon goût. M. Dupuy, à côté d'un mauvais portrait, tout différent de ce que l'on était en droit d'attendre de lui, inscrit une scène de pittoresque réalité : *Vers les cimes*, à laquelle je reprocherai l'attitude exagérée de la femme, l'âne et le guide étant absolument dans leur élément et couleur locale. Notons encore un groupe très harmonieux qui semble condenser de riches promesses : *Petite causerie*, par M. Oscar Miller chez qui l'influence whistlérienne domine, et un groupe d'enfants rieurs et amusés, de M. Synave.

M. Alphonse Chigot reconstitue avec chaleur ses souvenirs et *Sidi-Brahim* est une agréable page anecdotique dont la poésie est loin de ce groupe réaliste de *Marsouins*, par M. Martin-Gauthereau, œuvre d'observation juste, de peinture serrée, qui me rappelle cette fameuse cour des *Incurables* à Marseille, bien connue de ceux qui ont un jour pris le paquebot à destination des colonies. Curieuse aussi cette reconstitution par M. Devambez d'une scène de la Commune : l'*Appel*. Il est regrettable que l'artiste ait amorti l'effet de son groupe par ces lueurs bleuâtres de pavés au premier plan, mais le pavé démoli ajoutait à la réalité de la scène. *Les ivrognes*, du même, est une toile qui pourrait figurer dans une exposition des Hollandais, par sa curieuse réalité.

N'oublions pas enfin les notations de Londres par Mlle Drucker, les envois de MM. Desch et Amédée Wetter, et, dans l'étude des types où la vie n'apparaît que pour mettre en relief la caractéristique du personnage, nous placerons parmi les œuvres de premier ordre : *Coin de cuisine*, par M. Boiry, page précise, définitive, indicatrice d'un beau talent, *le Guitariste*, par M. Cole, œuvre souple et sobre, *le Bohème*, par M. Maybée, qui constitue en son exacte réalité un des types les mieux inspirés de cette existence dépeinte si coquettement par Mürger.

Signalons encore une élégante silhouette de M. Mac Killop, *l'Ouvrière* de M. Tony Robert-Fleury qui s'est lourdement trompé avec cette *Marie-Antoinette*, *Chez la modiste* de Mlle Price, les types robustes et frustes de MM. Villain, Brœrmann, Baader, Jean Gauthier, et cette amusante hollandaise avec sa poule, de M. Barthold.

Notons enfin le *Drapeau noir*, par M. Hirzenberg, ce groupe famélique, cette foule houleuse de déshérités, de parias qui marchent vers la justice, vers l'aube d'une révolution sociale qui se réflète en leurs yeux de croyance et de misère.

Peinture décorative

Les grandes machines ne manquent pas, mais que de choses mauvaises, que de pitoyables compositions creuses ou grotesques, telles la *Joie Rouge* de M. Rochegrosse, *La Descente de la Courtille* de M. Gorguet, *Agnus Dei* de M. P. Leroy, *Iéna* de M. H. Chartier, les Alleaume, les Jh. Aubert et combien d'autres !

M. Henri Martin, dans cette exposition qui occupe toute une salle montre, par ses études et dessins, l'énorme labeur de sa composition vaste, variée, dont un panneau fut exposé il y a quelques années et que je préfère de beaucoup au dernier, assemblage de silhouettes, isolées toutes par leur attitude, cherchant on ne sait quoi dans le ciel. Le premier panneau des moissons offre un ensemble, une manière de vivre, une notation de l'existence ; l'autre n'indique rien, des attitudes sur un fond superbe de maisons. Mais à part cette critique de la composition, il faut bien reconnaître avec quelle ampleur cet artiste sait placerles êtres et les choses dans l'atmosphère, comme il en imprègne les personnages, et comme les ombres rehaussent la mobilité des attitudes.

M. Henry Delacroix s'inspire de Puvis de Chavannes, sans arriver à sa sereine majesté inaliénable qui l'immortalise. La *Vie des champs*, néanmoins est une œuvre méritoire, d'heureuses inspirations, de tonalité douce qui lui prête une poésie discrète et virgilienne.

L'œuvre de M. Galand : *Aux Joutes* ne manque pas d'entrain et de vie ; elle est même remarquable par l'adaptation de la réalité aux exigences décoratives, mais le premier plan est sans vigueur ; je sais bien que l'artiste devait le soumettre et l'opposer à l'entrain du deuxième qui forme le centre de la composition.

Les deux *Panneaux décoratifs* de M. Quost sont deux œuvres exquises, délicates, une fête florale discrète dans la lumière blanche d'un printemps. Nous arrêterons-nous maintenant au *Triomphe d'un Condottière*, de M. Hoffbauer, qui nous a surpris d'autant plus de sa part que cette œuvre très habile, d'une splendeur colorée remarquable ne dit absolument rien ?

Nous avons ensuite un triptyque de M. Léandre, *La Vie du peintre,* assez papillotant, auquel nous préférons de beaucoup le portrait, net et robuste, de la mère de l'auteur. MM. Cormon et Toudouze fournissent d'amples compositions à notre manufacture des Gobelins. N'y aurait-il pas des inspirations autrement vivantes, qui soient le reflet et l'expression de notre époque, à soumettre à la proverbiale patience et au travail si long des artistes brodeurs et n'y a-t-il que les reconstitutions anecdotiques de l'Histoire qui fassent bien sur les murs ? Croyez-vous que cette extraordinaire reconstitution de 1789 : *A la Lanterne !* par M. Haarscher, que cette foule grouillante, hurlante, débordante de colère et d'élan, qui semble s'enivrer de l'étonnante fièvre libertaire de cette époque, ne soit pas une toile de superbe envolée, digne d'être achetée par l'Etat ?

Avec moins d'unité, le vaste panneau de M. Roussel-Géo évoque cette époque enfiévrée avec entrain et exubérance, mais la composition est éparpillée et morcelée.

MM. Boutigny et Jacquier ne manquent pas de pittoresque dans la reconstitution de scènes historiques et cet épisode du siège de Paris, *Le Convoi de blessés,* par M. Boutigny, est une page délicate, réaliste et émouvante.

Intérieurs, Natures mortes, Fleurs

M. Joseph Bail, de réputation notoire, est effectivement un poète de la lumière et des pénombres. Avec quelle clarté vibrante il évoque une *Boulangerie en Bretagne*, claire, proprette, animée par la présence d'accortes boulangères dont le costume décoratif agrémente la simplicité rustique de l'intérieur. Son frère, Franck-Antoine, se révèle un émule curieux, et sa facture ressemble étrangement à celle du premier. Ils sont tous deux, du reste, élèves de leur père et cette *Servante à la fontaine* peut passer pour du bon Joseph Bail.

M. Albert Maignan peint une femme assise sur un sofa près d'une fenêtre d'où la lumière entre à flots et fait éclore les délicates splendeurs de fleurs posées à côté ; *la Jeanne-Marie* est un portrait sobre et menu.

Nous remarquerons aussi les intérieurs élégants et discrets de MM. de Castro, Rosenberg et Bugnicourt, ceux de M. Gelhay qui ferait tout aussi bien de supprimer les personnages, ceux d'une impression sombre, de MM. Cartier-Bresson et Fulde, ceux, de Mlle Parini et de M. Thompson, qui servent de cadre à deux scènes d'intimité charmante et familière.

M. Béroud profite du succès douteux de son dernier salon pour recommencer avec le salon carré du Louvre la même fumisterie inconvenante. Et que de prétentieuse nullité dans ce nu : *la Part du lion*.

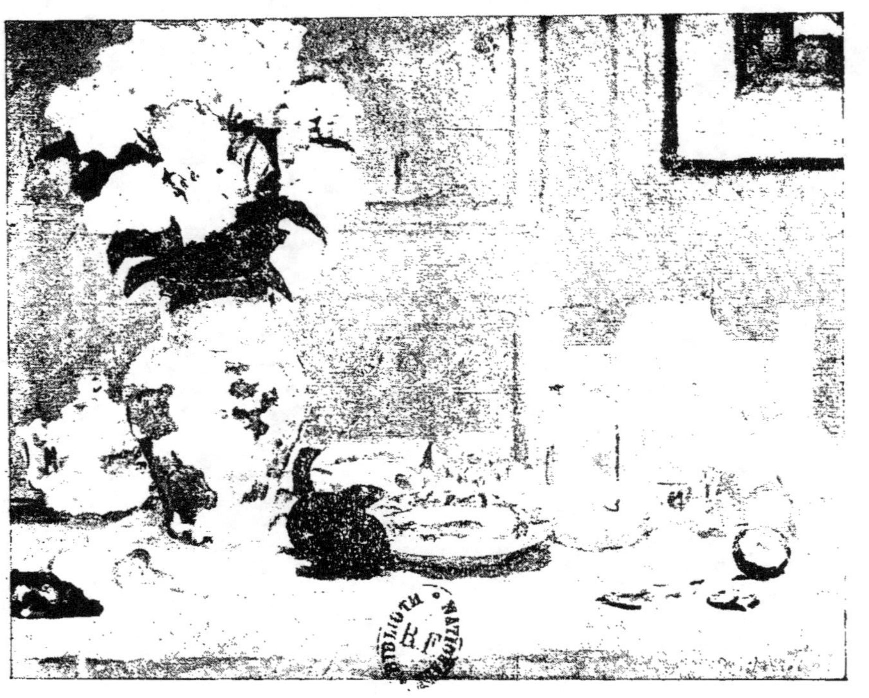

Salon de 1906.

Fleurs et Oranges, par Henri Déziré.

M. Bergeret est un talent d'une précision photographique et ce *Buffet*, malgré son grand air, manque un peu de cette poésie nécessaire aux œuvres d'art, poésie qui, malgré la précision objective de M. J. Grün, ne fait pas défaut cependant à cette claire toile intitulée : *La Femme aux pommes*. Les intérieurs de M. Désiré-Lucas et de Mme Le Roy d'Etiolles sont harmonieux, ceux de M. Decamps révèlent trop d'apprêt.

La plus belle nature morte du salon est évidemment celle de M. Henri Déziré qui me paraît très doué pour ces sortes de notations délicates, fluides, intimes, et j'ai déjà dit tout le bien que j'en pensais à propos du dernier *Salon d'Automne* où cette toile figura. Mais que M. J. Simon fasse attention, je le soupçonne fort de vouloir imiter M. Déziré ou tout au moins de subir fortement son influence.

Une œuvre exquise d'une simplicité et d'une sobriété remarquable est *Raisins*, de Mlle Streubel ; de même *Fromages*, de M. Gascard, retient l'attention, ainsi que la somptueuse *Nature morte* de M. Patissou.

Miss Woods enfin nous envoie des *Roses* exquises.

Sculpture

Au milieu de cette extraordinaire profusion de statues, de bustes, de monuments et d'allégories, d'où la vie est absente, où, du glacial découpage des lignes canoniques l'émotion ne parvient pas à naître, *les Vendanges*, de M. Vermare, s'érigent superbement par la gaîté folâtre de ces deux êtres de santé et d'exubérante vie. Un vendangeur lutine une accorte compagne et lui écrase une grappe de raisin dans le cou, tout en la retenant de l'autre main par la taille. De quel rire sensuel elle secoue sa gorge nue, par quelle souplesse elle défend son corps, tout en modelés savoureux, à l'étreinte du mâle, et sa nuque au contact humide de la vendange. C'est une œuvre forte et souple qui tranche au milieu de toutes ces banalités coutumières et de ces poncifs.

Avec moins de spontanéité le groupe de M. Jacquot évoque une idylle : *les Foins* ; MM. Cardona et Peyronet expriment avec émotion et vérité la tendresse filiale dans : *Retour au foyer* et ce groupe charmant : *Bonheur maternel*. Nous noterons aussi l'œuvre simple et réaliste de M. Dominguez : *Après une grève*, le groupe d'indiens de M. Perez-Mujica, les silhouettes réalistes de troupiers: *En Marche*, par M. Roger-Bloche.

Parmi la grande quantité d'effigies quelconques, photographiques à coup sûr, mais absolument dépourvues d'atmosphère d'art, nous remarquons un *Gustave Flaubert*, très dégagé, très naturel, par M. Bernstamm, un *François Rude* par M. Frémiet, un *Bernardin de St-Pierre* par M. Holweck, œuvres toutes désignées pour le charme rustique d'un square, un *François Villon*, très suggestif et très remarquable de couleur locale, par M. Maugendre-Villers, un général en pied, de facture large et robuste, par M. O'Connor. Nous remarquerons les bustes fort beaux de *Richard Wagner* par M. Hexamer, de *Fustel de Coulanges* par M. Legrand, les physionomies expressives de *Pierre Denis* par M. Rolard, des peintres *Harpignies* et *Toudouʒe* par M. Ségoffin et Alaphilippe, un *Maurice Barrès* très élégant, par M. Pallez. D'autres physionomies d'hommes retiennent notre attention et parmi elles nous citerons les envois de MM. Cordonnier, Ferrand, Lorieux, Robert, un *Jean Valjean* très curieux, de Mlle White ; des physionomies de femmes très vivantes et simplement exprimées par Mme Alexandrovics-Homolacs qui expose aussi une pittoresque *Tête de juif polonais*, par Mlle Lebaudy, MM. Boverie, Brenner, Carli, Carlus, C. Vitt et Weigèle ; des têtes expressives de vieillards par MM. Ter Maroukian et Castex, Mlles Dupuy et Bizard.

Les meilleures œuvres de nu sont celles de M. Betti, une *Eve* lourde, féconde, telle que nous la concevons à l'origine de son humanité candide et luxuriante ; *Omphale*, de M. Georges Colin, savoureuse, réelle, très en relief ; *Diane chasseresse*, de M. Scharfenberg, fortement charpentée ; *Nonia*, nerveuse et élancée, de M. Paul Roussel ; *Supplications*, de M. Perez-Mujica, cette femme accroupie et sensuellement implorante ; *la Source*, de M. Loysel ; les envois sveltes et élégants de MM. Beury, Octobre, Lefeber, Cordier, Grandmaison, Caravanniez, Vaupy et Mlle Stein ; *Ata-*

lante, de M. Camus ; et ce fort beau nu de vieillard : *Fin de labeur*, par M. Marquet qui expose aussi un buste expressif : *Accablement*, moins dans la note.

L'étude des types donne lieu aux envois réalistes d'ouvriers des campagnes et des villes parmi lesquels nous retiendrons *les Bûcherons*, par MM. A. Boucher et Fernand Dubois, *le Fondeur* par M. Bofill, *le Forgeron et le Faucheur* par M. Bouchard, *la Faneuse* par M. Larroux, *la Dentellière* par Mlle Thiollier, *les Bergers*, par MM. Nivet et Vincent, *la Pécheuse hollandaise*, par M. Pèche, un groupe : *les Humbles*, par M. Noé, une silhouette curieuse de nègre ; *l'Idole*, par M. Ward, et cette forte étude : *le Haleur*, par M. Landowski qui parvient à une rare ampleur dans ce robuste groupe, d'un symbole magnifique et socialement douloureux : *les Fils de Caïn*. Trois hommes, trois méconnus, trois êtres de douleur et de beauté sur lesquels s'appesantit la fatalité de la société : le pasteur, le poète, l'ouvrier se dressent dans leur tragique misère et synthétisent superbement la longue plainte qui, d'âge en âge, s'élève de l'humanité en marche vers son idéal d'harmonie, de justice et de vérité.

Dans ce sens du symbole subjectif, *le Doute,* de M. Cordier, et *Ma Conscience*, de M. Soudbinine, interprètent objectivement et fortement ces idéalités de l'esprit. D'autres allégories se recommandent par l'ampleur des attitudes: *Pour la Race* et *Evocation du Passé*, de M. Bertrand-Boutée ;

Travail, de M. Moreau-Vauthier ; *le Soir*, de M. Moulin ; *la Mine*, de M. Sortini ; *la Marche funèbre*, de M. Cordonnier. *La Terre*, de M. Verlet, est une œuvre dégagée, forte et savoureuse ; *la Jeunesse qui joue*, de M. Fry, élancée, enjouée et amusante. *La Tête de Méduse*, de M. Cros, est effrayante de réalité.

Les œuvres décoratives sont rarement heureuses, mais *l'Hiver*, interprété par MM. Lefèbre et Debut sont deux œuvres de simplicité et de charme ; *le Souvenir*, par M. Magron et Mlle Demagnez, également ; *l'Hospitalité*, par M. Gaudissard, est d'inspiration simple mais mal exécutée. Les projets de fontaines de Mlle Monginot et de M. Pommier sont tout à fait réussis.

Les monuments consacrés au *Chevalier de la Barre*, par M. Bloch, et à *Eugène Fromentin*, par M. Ernest Dubois, sont également d'inspiration simple, de bon goût, non surchargés et très beaux.

J.-C. HOLL.

Avril-Mai 1906.

ISSOUDUN

IMPRIMERIE BIRTÈGUE ET GARDERAULT